PROJET DE LOI

CONCERNANT

Le Remboursement des indemnités dues aux émigrés, l'organisation des Commissions syndicales dans les départemens, les attributions de ces Commissions, la base sur laquelle seront fondées les estimations des biens immeubles, le résultat des travaux des Commissions syndicales à transmettre au ministre des finances, l'émission des Rentes 4 p. 100 consolidés, appliquées au remboursement des indemnités, etc.

PRÉSENTÉ

A SA MAJESTÉ CHARLES X,

ROI DE FRANCE ET DE NAVARRE,

PAR REMY;

Inspecteur-général d'une administration contre l'incendie, auteur de plusieurs projets de loi ou réglemens adoptés.

A PARIS,

CHEZ CASTEL DE COURVAL, LIBRAIRE,

RUE DE RICHELIEU, N° 87.

20 DÉCEMBRE 1824.

PROJET DE LOI.

IMPRIMERIE DE J. L. CHANSON,
rue des Grands-Augustins, n° 10.

PROJET DE LOI

CONCERNANT

Le Remboursement des indemnités dues aux émigrés, l'organisation des Commissions syndicales dans les départemens, les attributions de ces Commissions, la base sur laquelle seront fondées les estimations des biens immeubles, le résultat des travaux des Commissions syndicales à transmettre au ministre des finances, l'émission des Rentes 4 p. 100 consolidés, appliquées au remboursement des indemnités, etc.

PRÉSENTÉ

A SA MAJESTÉ CHARLES X,

ROI DE FRANCE ET DE NAVARRE,

Par REMY,

Inspecteur-général d'une administration contre l'incendie, auteur de plusieurs projets de loi ou réglemens adoptés.

A PARIS,
CHEZ CASTEL DE COURVAL, LIBRAIRE,
RUE DE RICHELIEU, N° 87.

Sire,

Encouragé par l'assentiment unanime de la chambre des députés, qui a bien voulu distinguer mes projets (1), qu'elle a reconnus

---

(1) Rapport de la commission des pétitions — « Votre commission ayant remarqué dans le projet de M. Remy les vues d'un homme de bien, qui, depuis plusieurs années, a entretenu la chambre de divers projets qui tous ont une utilité publique pour but ; votre commission, enfin, bien convaincue que le gouvernement ne peut être entouré de trop de lumières, et pressé par trop de vœux, pour hâter le moment de la présentation d'un projet de loi si généralement désiré, si vivement sollicité par tous les vœux de la France..... »

(*Extrait du* Moniteur *du* 9 *juin* 1824.)

propres à mériter son agrément, puisqu'elle s'est exprimée ainsi par l'organe de sa commission : « En rendant justice au zèle vraiment patriotique du sieur Remy, qui ne saurait mériter trop d'éloges pour s'être livré à l'étude d'un objet aussi important de l'économie politique (1); » je viens, après avoir déposé aux pieds de Votre Majesté

---

(1) Extrait du *Moniteur* du 8 avril 1823 ; Commission du budget ; Rapporteur, M. le marquis de Saint-Géry, actuellement conseiller-d'état.

En 1824, la commission chargée d'examiner le projet de loi relatif aux plantations, s'exprimait ainsi, par l'organe de M. Jacquinot de Pampelune, son rapporteur :

« Vous avez renvoyé à votre commission, Messieurs, une pétition par laquelle *le sieur Remy*, sous-inspecteur-général d'une administration contre l'incendie, à Paris, vous a présenté un *projet de loi ou règlement* concernant les plantations des routes royales et départementales, et dans les places des villes et des bourgs.

» Votre commission, considérant que si le projet de loi présenté par le gouvernement, et dont elle vous a proposé l'adoption avec divers amendemens, remplit à plusieurs égards les vues du sieur Remy ; néanmoins il existe dans son projet des dispositions *plus étendues, soit relativement à des plans à lever de toutes les routes royales et départementales, ainsi que de leurs plantations, soit relativement aux plantations qui seraient à effectuer le long des chemins vicinaux ;* que les propositions faites à cet égard par le sieur Remy....... »

(*Extrait du* Moniteur *du* 1er *juillet* 1824.)

mon tribut de respect et d'admiration, lui soumettre un Projet de Loi concernant le remboursement des indemnités dues aux émigrés; ce projet tient, il est vrai, à un vaste plan de finances, dont chaque partie est essentielle à l'ensemble; mais j'ai pensé que mes faibles idées pourraient peut-être servir à poser les bases de la loi. Votre Majesté daignera pardonner au zèle qui m'anime pour la gloire de son règne, le bonheur, la prospérité et la tranquillité de la France.

TITRE Ier.

PROJET DE LOI SUR LE REMBOURSEMENT DES INDEMNITÉS.

Organisation des syndicats dans les départemens respectifs

ARTICLE Ier.

Il sera créé dans chaque département respectif une commission syndicale composée des plus notables, au nombre de dix membres nommés par le préfet, et pris, autant que possible, parmi les plus recommandables de son département (1).

ART. 2.

Les membres du syndicat seront nommés pour un an, à compter du 1er janvier 1825. Ils seront renouvelés annuellement, et ils pourront être rééligibles.

ART. 3.

Un membre du syndicat sera élu président; il aura, en cette qualité, la surveillance générale des intérêts des émigrés.

ART. 4.

Le président convoquera et présidera le syndicat ; ses fonctions dureront un an ; il aura un vice-président, qui sera nommé de la même manière, et dont les fonctions seront également d'un an ; le vice-président rempla-

---

(1) Des commissions secondaires pourront être établies dans les arrondissemens communaux, pour faciliter les opérations du syndicat spécial du département.

cera le président en cas d'empêchement ou d'absence momentanée.

ART. 5.

Un syndic qui, pendant les trois premiers mois de l'année, n'aurait pas pris part aux travaux de la commission, sera considéré comme démissionnaire, et remplacé de droit par le préfet, au vu des registres des délibérations dont les procès-verbaux indiqueront formellement les noms des membres présens.

ART. 6.

La commission syndicale se réunira à la préfecture, où se tiennent les assemblées du conseil-général du même département.

ART. 7.

Toutes les écritures qu'exigera le service du syndicat seront faites par le préfet, et transmises par lui à ses sous-préfets, qui en feront la remise à ceux à qui elles seront adressées : il y aura un bureau dans chaque préfecture, qui sera spécialement chargé de ce service.

ART. 8.

La commission syndicale sera spécialement chargée,

1° De recueillir toutes les pièces et les documens urgens pour établir la valeur réelle de chaque réclamation ;

2° De vérifier les titres et les pièces qui lui seront fournis par les réclamans ;

3° De fixer en délibération spéciale, et motivée sur les droits respectifs desdits réclamans, le montant exact des sommes qui seront dues, à titre d'indemnité, aux parties respectives ;

4° De défalquer les dettes payées par le gouvernement, à l'acquit du réclamant ;

5° De consigner cette délibération sur un registre destiné à cet effet, et d'en ordonner l'expédition aux réclamans respectifs (1) ;

6° Enfin, d'ordonner toutes expertises tou-

_____

(1) Cette expédition servira de titres valables et authentiques à ceux qui seront admis à recouvrer le remboursement des indemnités.

tes fois qu'elle le jugera convenable, et d'en faire supporter les frais à qui de droit.

ART. 9.

Les délibérations de la commission syndicale seront prises par huit membres au moins, et en cas de partage d'opinion, le président aura voix prépondérante.

ART. 10.

Au fur et à mesure que la commission syndicale délibérera sur les réclamations qui lui seront fournies, le préfet rédigera un travail analytique dressé par ordre alphabétique sur lequel figureront,

1° Les réclamations des émigrés par arrondissement communal, leurs noms, prénoms, etc., etc.;

2° Les réclamations des condamnés, par arrondissement communal, leurs noms, prénoms, etc., etc.;

3° Les réclamations des déportés, par arrondissement communal, leurs noms, prénoms, etc., etc.;

4° Le montant exact des sommes payées par le gouvernement, soit au réclamant ou à ses créanciers;

5° Le montant exact des sommes dues à chaque réclamant;

6° Les sommes payées aux émigrés de l'arrondissement communal, et celles à leur payer;

7° Les sommes payées aux condamnés de l'arrondissement communal, et celles à leur payer;

8° Les sommes payées aux déportés de l'arrondissement communal, et celles à leur payer;

9° Enfin, la récapitulation générale des totaux généraux des sommes payées et de celles à payer aux émigrés indemnisés (1).

ART. II.

Immédiatement après que le travail spé-

---

(1) Ce travail sera dressé sur trois états séparés, le premier pour les émigrés, le second pour les condamnés, et le troisième pour les déportés.

cifié à l'article précédent sera rédigé conformément aux dispositions dudit article, le préfet, en conseil de préfecture, prendra un arrêté par lequel il estimera que ce travail a été rédigé sur des titres notoires fournis au syndicat de son département; qu'il y a lieu de faire l'allocation de la somme de..... demandée pour le remboursement des indemnités dues aux émigrés de son département.

ART. 12.

Le duplicata du travail mentionné à l'article précédent sera déposé à la préfecture du département. L'original, signé par tous les membres du syndicat, certifié exact par le préfet, sera transmis par lui au ministre des finances, qui en fera la remise à la commission chargée de la liquidation définitive du remboursement des indemnités.

ART. 13.

Les percepteurs des contributions directes fourniront, dans le plus bref délai, à la commission syndicale, tous les renseignemens qui pourront lui être utiles.

ART. 14.

Les biens qui appartenaient à des confréries religieuses, et qui, à l'époque de la révolution, ont été concédés gratuitement aux hospices et autres établissemens de bienfaisance, sont et demeurent propriétés communales; mais ceux qui ont eu la même destination, et qui, à cette époque, appartenaient à des propriétaires qui ont été condamnés et spoliés par le gouvernement révolutionnaire, seront remis à l'ancien propriétaire, sauf à indemniser d'une manière convenable les établissemens qui en jouissent.

TITRE II.

ART. 15.

Toutes les propriétés qui ont été confisquées par le gouvernement révolutionnaire, qui appartenaient aux émigrés, aux condamnés et aux déportés, seront estimées conformément à la contribution foncière de 1824, calculée comme quart ou cinquième du revenu, et capitalisée au denier vingt (1).

Le montant de cette estimation, défalcation faite de la valeur des édifices construits, des usines établies depuis la confiscation, s'il y en a, formera le capital à rembourser, et ce capital sera la somme à laquelle l'indemnisé aura droit lorsque la liquidation des indemnités s'effectuera.

ART. 16.

Ne pourront avoir part aux indemnités accordées aux émigrés l'ordre du clergé (2) et celui des corporations des communes (3).

ART. 17.

Il sera créé, auprès du ministère des finances, un comité spécial composé de quinze

---

(1) Dans les départemens où les opérations du cadastre n'ont point encore été faites, on aura recours aux baux de fermages.

(2) Attendu que le clergé est payé par l'état.

(3) Attendu qu'il ne reste nul vestige des corporations dans les communes.

membres, lequel sera divisé en trois sections. Il sera chargé, sous les yeux du ministre, des travaux préparatoires pour la liquidation définitive du remboursement des indemnités.

La première section aura la partie des émigrés ;

La deuxième celle des condamnés ;

La troisième celle des déportés.

Chacune de ces commissions fera son rapport sur les travaux qui lui seront assignés, lesquels seront imprimés et réunis en un seul volume, qui sera ensuite soumis à Sa Majesté.

TITRE III.

LIBÉRATION DU REMBOURSEMENT DES INDEMNITÉS.

ART. 18.

Pour rembourser les indemnités dues aux émigrés, accordées par la présente......... il sera mis à la disposition du ministre des finances,

Un crédit en rentes 4 pour 100 consolidés, de......... avec jouissance du......... 1825, prélevé sur les revenus de la caisse d'amortissement.........

Ladite inscription représentant, au cours moyen des six premiers mois de l'année 1825, un capital numéraire de........, formant, d'après la fixation des états fournis au ministre des finances, le complément intégral du remboursement des indemnités.

ART. 19.

Le ministre des finances ne pourra disposer de ce crédit, montant à la somme de....... de rentes, que par des négociations publiques avec concurrence, dans les formes suivies pour l'amortissement des rentes inscrites sur le grand-livre de la dette publique.

ART. 20.

Un mois avant le paiement des rentes 4 pour 100 consolidés, le ministre des finances préviendra les receveurs-généraux et particuliers des départemens qu'ils doivent payer, en l'acquit du trésor royal, aux porteurs des mandats délivrés par lui au nombre de......, montant à la somme de....... (1).

CONCLUSION.

Je sens d'abord que je dois, avec raison, m'estimer très-heureux de ce que, dans un moment où toute la France demande que les émigrés soient indemnisés, les circonstances me présentent un sujet sur lequel personne ne peut manquer de réussir : il faut parler du remboursement des indemnités dues aux émigrés. Sur une matière aussi équitable, Votre Majesté ne voit, ni de justice à laisser dans la pénurie un grand nombre d'entr'eux qu'elle veut rétablir, ni de droit à renverser un ordre de choses établi depuis plus de trente ans; il est donc de toute justice de laisser jouir ceux qui possèdent les biens des émigrés, et de rembourser ceux-ci.

---

(1) Tout porteur d'inscription de rentes 4 pour cent consolidés qui désirera toucher ses rentes dans son département, sera tenu d'en faire la demande au ministre, un mois avant l'époque du paiement. Il pourra également en demander la vente, et en recevoir le montant dans son département, le tout sans frais, sauf ceux de l'agent de change.

J'ose espérer, Sire, que les vues qui ont dicté ce Projet, trouveront auprès de Votre Majesté, un accueil favorable.

Je suis, avec respect,

SIRE,

de Votre Majesté,

le très-humble, très-obéissant et fidèle sujet,

REMY.

www.ingramcontent.com/pod-product-compliance
Lightning Source LLC
Chambersburg PA
CBHW071435060426
42450CB00009BA/2183